Prix du cahier :
20 centimes.

Propriété de l'Auteur
Droits de traduction et de reproduction
réservés pour tous pays.

SOLFÈGE PRATIQUE

ET

PRINCIPES

DE

CALLIGRAPHIE MUSICALE

EN SIX CAHIERS

PAR

FRANÇOIS SARRÉ

Professeur de Musique

TROISIÈME ÉDITION

DISPOSITION DE LA MÉTHODE DANS CHAQUE CAHIER

1° Théorie indispensable (en tête des exercices) ;
2° Exercices gradués destinés à être lus, chantés ou expliqués, puis recopiés ;
3° Théorie complémentaire (2ᵐᵉ page de la couverture) ;
4° Questionnaire musical dont les réponses devront être apprises par cœur (3ᵐᵉ page de la couverture).

4ᵐᵉ CAHIER

Appartenant à l'Élève

PARIS

SANARD, DERANGEON ᴇᵀ Cⁱᵉ
LIBRAIRES-ÉDITEURS
174, rue Saint-Jacques

HENRY-ABEL SIMON
ÉDITEUR DE MUSIQUE
15 et 17, rue des Martyrs

1886

THÉORIE COMPLÉMENTAIRE

QUATRIÈME CAHIER

Cette partie théorique de la méthode s'adresse surtout au professeur. Elle complète les explications données dans le courant du cahier, en tête des différents exercices. — Chaque cahier devant être recommencé plusieurs fois par la même classe, le maître reviendra souvent sur le même sujet en l'expliquant d'une façon simple et en rapport avec l'âge des élèves. — On ne devra jamais traiter plus d'une question dans chaque leçon. Il sera toujours très avantageux de faire concorder l'explication théorique avec l'application d'un exercice sur le même sujet. On n'aura pour cela qu'à observer les renvois à la théorie complémentaire que l'on rencontrera dans le courant de l'ouvrage.

Temps forts, Temps faibles.

La division de la phrase musicale en une certaine quantité de parties égales appelées *mesures* est la conséquence du retour périodique de certains temps que le rhythme naturel nous porte à accentuer plus que les autres.

Les temps plus accentués s'appellent *temps forts*. Les temps intermédiaires s'appellent *temps faibles*.

La mesure commence toujours par un temps fort. Le premier temps de la mesure à deux temps est fort, le second est faible. — Le premier temps de la mesure à trois temps est fort, les deux autres sont faibles. — Le premier temps de la mesure à quatre temps est fort, le second est faible, le troisième est fort (mais un peu moins que le premier), le quatrième est faible.

Comme conséquence de la division de la mesure en temps forts et faibles, le temps, qui peut lui-même se diviser en plusieurs parties, aura, à son tour, ses *parties fortes* et *parties faibles*. La première partie d'un temps est toujours la plus forte.

Le principe de l'accentuation rhythmique réside du reste dans le groupement par deux et par trois de mouvements principaux dont les fractions vont en se multipliant dans le même ordre.

Syncope.

On appelle *syncope* tout son qui, attaqué sur un temps faible, se prolonge sur un temps fort. La syncope se produit aussi quand un son attaqué sur une partie faible d'un temps se prolonge sur une partie forte.

Les syncopes sont *égales* quand les deux notes liées sont d'égale durée (voir le premier exercice de la page 4).

Les syncopes sont *inégales* ou *brisées* quand les deux notes liées sont d'inégale durée (voir le deuxième exercice de la page 4).

Contre-temps.

On appelle *contre-temps* les parties faibles des temps. Attaquer à contre-temps signifie attaquer après le temps.

Quand le contre-temps se produit, la première partie du temps est représentée par un signe de silence (voir page 8).

Mesures à temps ternaires.

Le tableau des mesures à temps ternaires se trouve à la page 11. Il nous suffit de donner ici les mesures anciennes dont l'usage est aujourd'hui abandonné; ce sont: les mesures à 6/4, 9/4 et 12/4 dont le temps est représenté par la blanche pointée; et les mesures à 6/16, 9/16 et 12/16 dont le temps est représenté par la croche pointée.

Mesures à temps binaires et à temps ternaires comparées.

C'est toujours par le fractionnement de la ronde (unité sous-entendue) qu'on indique la mesure au début du morceau, dans la division binaire comme dans la division ternaire.

Nous savons que quelle que soit la division (binaire ou ternaire), il n'existe que trois manières de battre la mesure: à deux temps, à trois temps et à quatre temps (1).

Tout fractionnement indicateur de la mesure a pour but de montrer le nombre de certaines fractions de l'unité que chaque mesure devra contenir rigoureusement. Cette donnée, très exacte quand il s'agit de la fixation du contenu de la mesure, ne saurait pourtant établir invariablement: 1° À combien de temps sera la mesure; 2° si la division du temps sera binaire ou ternaire; 3° par quelle valeur sera représenté le temps, car on a pu remarquer, par exemple, que les mesures à trois quarts (3/4) et à six huitièmes (6/8) n'ont rien de commun malgré le nombre semblable des valeurs qu'elles contiennent. Il nous faut donc établir, une fois pour toutes, sur quel principe repose l'indication mathématique des mesures à temps binaires et des mesures à temps ternaires pour pouvoir les distinguer rapidement dans la lecture musicale.

Mesures à temps binaires. — Quand le chiffre supérieur ou numérateur du fractionnement ne dépassera pas le nombre 4, la mesure sera à temps binaires. Le numérateur donnera le nombre des temps que contiendra la mesure; le dénominateur indiquera la valeur du temps comme sous-multiple de l'unité.

Mesures à temps ternaires. — Le fractionnement indicateur des mesures à temps ternaires a toujours pour numérateur l'un des chiffres 6, 9 ou 12. Le chiffre du numérateur divisé par 3 donnera le nombre des temps. Ainsi, 6 divisé par 3 donne au quotient 2 (la mesure à 6/8 est en effet à deux temps); 9 divisé par 3 donne 3 (la mesure à 9/8 est à trois temps); 12 divisé par 3 donne 4 (la mesure à 12/8 est à quatre temps). — Le dénominateur présente la fraction de l'unité que chaque temps contiendra trois fois.

(1) Certains auteurs ont fait usage de quelques autres mesures qui ne sauraient détruire la règle posée, car la mesure à cinq temps ne serait qu'une combinaison de la mesure à trois temps et de la mesure à deux temps; la mesure à six temps serait composée de deux mesures à trois temps; la mesure à sept temps serait composée d'une mesure à quatre temps et d'une mesure à trois temps, etc.

CROCHES ( ou ♪♪)

La *croche* est le huitième de la ronde. Il faut deux croches pour faire un temps dans les mesures où le temps est représenté par la noire. Une noire contient deux croches.

(*) Le crochet de la note dont la queue est en l'air s'obtient en descendant et après coup; il n'en est pas de même pour le crochet de la
note tournée en bas qui se forme en remontant sans lever la plume.

CROCHES (SUITE)

DEMI-SOUPIR (ꝿ)

Le *demi-soupir* est un signe de silence dont la durée est égale à celle de la croche.

APPLICATION

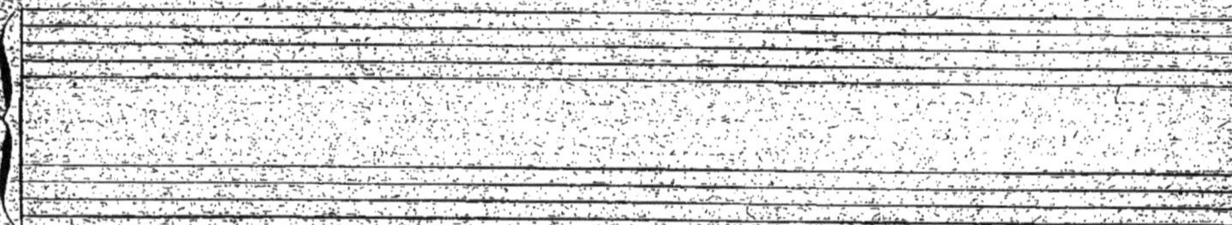

ÉTUDE DE LA MESURE A $\frac{2}{2}$ OU ¢

La mesure à $\frac{2}{2}$ ou ¢ se bat à deux temps. Le temps y est représenté par la blanche (♩)

On pourra préparer les deux exercices de cette page par le battement de la mesure à quatre temps.

ÉTUDE DE LA MESURE A $\frac{3}{8}$

La mesure à $\frac{3}{8}$ se bat à trois temps. Le temps y est représenté par la croche (♪)
La noire pointée vaut trois croches.

SYNCOPES (voir théorie complémentaire.)

CONTRE-TEMPS (voir théorie complémentaire)

CANONS A DEUX PARTIES

Le canon est un morceau de chant dans lequel les voix entrent successivement pour exécuter la même mélodie. Cette mélodie est composée de telle sorte que l'ensemble des voix produit l'effet d'un morceau à plusieurs parties.

Le nombre des parties d'un canon varie selon l'intention du compositeur.

Les canons de ce cahier sont tous à deux voix. On les étudiera tout d'abord comme s'il s'agissait d'un exercice ordinaire à l'unisson. Quand les élèves seront parfaitement sûrs de l'intonation on divisera la classe en deux groupes. Le premier groupe commencera seul, mais au moment où il attaquera la mesure de la lettre **B**, le second groupe commencera à la lettre **A**. Arrivée à la barre de reprise, chaque partie reviendra au début jusqu'à ce que le maître dise: "Assez." Ayant entendu cet avertissement, le premier groupe s'arrêtera à la barre de reprise ou terminera par les mesures de conclusion qu'on ajoute quelquefois *pour finir*. Le deuxième groupe, à son tour, en fera autant.

ÉTUDE DU TRIOLET

Le *triolet* est un groupe de *trois* notes mis à la place d'un groupe de *deux*. Il est générale_ment surmonté du chiffre 3.

CANON

MESURES A TEMPS TERNAIRES

Mesure à deux temps		Mesure à trois temps		Mesure à quatre temps	
$\frac{6}{8}$	$\frac{6}{8}$	$\frac{9}{8}$	$\frac{9}{8}$	$\frac{12}{8}$	$\frac{12}{8}$
(six huitièmes)		(neuf huitièmes)		(douze huitièmes)	

Les *mesures à temps ternaires* tirent leur nom de la division possible de chacun des temps qu'elles contiennent en trois parties égales. Le temps y est représenté par la noire pointée (voir théorie complémentaire).

Toute indication de mesure n'étant que le fractionnement de la ronde (unité sous-entendue) le chiffre supérieur ou numérateur donnera le nombre des croches (huitième partie de l'unité) que chaque mesure pourra contenir. Exemple:

(Répéter souvent chaque reprise en battant la mesure.)

ÉTUDE DE LA MESURE A $\frac{6}{8}$

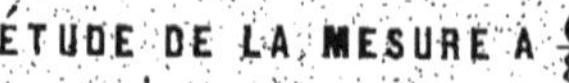

MESURE A $\frac{6}{8}$ (SUITE)

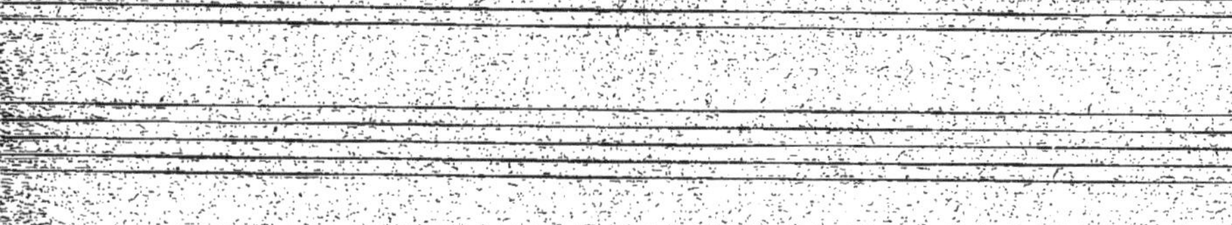

CANON

ÉTUDE DE LA MESURE A 9/8

CANON

ÉTUDE DE LA MESURE A $\frac{12}{8}$

QUESTIONNAIRE MUSICAL

DEUXIÈME CAHIER

Le Questionnaire musical est, pour le fois, un résumé de la théorie complète de la musique et une récapitulation qui établit un lien entre tous les degrés de la méthode. Le maître interrogera un des ... de ce Questionnaire dans chaque leçon, et il fera un ... en l'entourant des détails qu'il croit nécessaires. Un insistera sur les questions difficiles en prenant ... et en les démontrant ... fréquentes. D'un idéal concorde le ... de la récitation avec l'application des exercices de la méthode, et en s'appuyant sur les explications de la Théorie indépendante et de la Théorie complémentaire.

Les réponses seront apprises par cœur et récitées par les élèves. On n'abandonnera jamais un cahier sans l'complète récitation du Questionnaire.

Combien de degrés de la gamme sont à distance d'un ton ?

RÉPONSE : — Cinq.

Citez-les.

R. — Do-ré, ré-mi, fa-sol, sol-la, la-si.

Combien de degrés de la gamme sont à distance d'un demi-ton ?

R. — Deux.

Citez-les.

R. — Mi-fa, si-do.

Récitez la gamme par tonique, sus-tonique, etc.

R. — Tonique, sus-tonique, médiante, sous-dominante, dominante, sus-dominante, sensible, tonique.

Où sont placés les demi-tons dans cette appellation des degrés de la gamme ?

R. — Les deux demi-tons de la gamme sont placés un entre la médiante et la sous-dominante, et l'autre entre la sensible et la tonique.

En combien de tétracordes on divise la gamme ?

R. — La gamme est divisée en *deux tétracordes*.

Quelle distance sépare les deux tétracordes ?

R. — Les deux tétracordes sont toujours séparés par *un ton*.

Les deux tétracordes sont-ils absolument semblables ?

R. — Oui, les deux tétracordes sont absolument semblables dans leur disposition par tons et demi-tons.

Quelle est l'unité des valeurs rythmiques ?

R. — C'est la ronde qui est *l'unité* des valeurs rythmiques.

D'où les mesures à temps binaires tirent-elles leur nom ?

R. — Les *mesures à temps binaires* tirent leur nom de la division possible de chacun des temps qu'elles contiennent en deux parties égales.

Quelles sont les mesures à temps binaires le plus usitées ?

R. — Ce sont les mesures à *deux-quarts*, à *trois-quarts* et à *quatre-quarts*.

Comment bat-on la mesure à deux-quarts ?

R. — La mesure à deux-quarts se bat à deux temps.

Quelle est la valeur de durée que la mesure à deux-quarts peut contenir une fois ?

R. — La blanche.

Comment bat-on la mesure à trois-quarts ?

R. — La mesure à trois-quarts se bat à trois temps.

Quelle est la valeur de durée que la mesure à trois-quarts peut contenir une fois ?

R. — La blanche pointée.

Comment bat-on la mesure à quatre-quarts ?

R. — La mesure à quatre-quarts se bat à quatre temps.

Par quelle valeur de durée est représenté le temps d'une les mesures à deux-quarts, à trois-quarts et à quatre-quarts ?

R. — Le *temps*, dans les mesures à deux-quarts, à trois-quarts et à quatre-quarts, est représenté par la noire.

Quelles sont les mesures à temps binaires à la moitié soi-van employées ?

R. — Ce sont les mesures à *deux-demies* et à *trois-huitièmes*.

Comment bat-on la mesure à deux-demies ?

R. — La mesure à deux-demies se bat à deux temps.

Quelle est la valeur de durée que la mesure à deux-demies peut contenir une fois ?

R. — La ronde.

Par quelle valeur de durée est représenté le temps dans la mesure à deux-demies ?

R. — Le temps, dans la mesure à deux-demies, est représenté par la blanche.

Comment bat-on la mesure à trois-huitièmes ?

R. — La mesure à trois-huitièmes se bat à trois temps.

Quelle est la valeur de durée que la mesure à trois-huitièmes peut contenir une fois ?

R. — La noire pointée.

Par quelle valeur de durée est représenté le temps dans la mesure à trois-huitièmes ?

R. — Le temps, dans la mesure à trois-huitièmes, est représenté par la croche.

Combien faut-il de croches pour égaler la durée de la noire ?

R. — Il faut deux croches pour égaler la durée de la noire.

Combien faut-il de croches pour égaler la durée de la blanche ?

R. — Il faut quatre croches pour égaler la durée de la blanche.

Combien faut-il de croches pour égaler la durée de la ronde ?

R. — Il faut huit croches pour égaler la durée de la ronde.

Que vaut la croche par rapport à l'unité ?

R. — La croche est le huitième de l'unité.

Combien faut-il de croches pour égaler la durée de la blanche pointée ?

R. — Il faut six croches pour égaler la durée de la blanche pointée.

Combien faut-il de croches pour égaler la durée de la noire pointée ?

R. — Il faut trois croches pour égaler la durée de la noire pointée.

Comment appelle-t-on les temps que le rythme naturel nous porte à accentuer plus que les autres ?

R. — On appelle *temps forts* les temps que le rythme naturel nous porte à accentuer plus que les autres.

Comment appelle-t-on les temps intermédiaires ?

R. — Les temps intermédiaires s'appellent *temps faibles*.

Où place-t-on les temps forts en général ?

R. — C'est au commencement de la mesure que les temps forts sont placés généralement.

Qu'est-ce qu'on appelle partie forte d'un temps ?

R. — C'est la première partie d'un temps qu'on appelle *partie forte*.

Qu'est-ce qu'on appelle syncope ?

R. — On appelle *syncope* tout son qui, attaqué sur un temps faible, se prolonge sur un temps fort.

Dans quel cas les syncopes sont-elles égales ?

R. — Les syncopes sont *égales* quand les deux notes liées sont d'égale durée.

Dans quel cas les syncopes sont-elles inégales ou brisées ?

R. — Les syncopes sont *inégales* ou *brisées* quand les deux notes liées sont d'inégale durée.

Qu'appelle-t-on contre-temps ?

R. — On appelle *contre-temps* les parties faibles des temps.

Qu'entend-on par attaquer à contre-temps ?

R. — Attaquer à contre-temps signifie attaquer après le temps.

Quels sont les intervalles simples ?

R. — Les *intervalles simples* sont l'unisson (répétition du même son), la seconde, la tierce, la quarte, la quinte, la sixte, la septième et l'octave.

Pourquoi ces intervalles sont-ils appelés simples ?

R. — Parce qu'ils ne dépassent pas les limites de la gamme.

Quels sont les intervalles redoublés ? qu'appelle-t-on intervalles simples ?

R. — Les *intervalles redoublés* sont la neuvième, la dixième, etc.

D. ... quel est l'intervalle que l'on appelle neuvième, dixième?

R. — Parce que la neuvième n'est que le redoublement de la seconde, la dixième est le redoublement de la tierce, etc.

D. Qu'est-ce que l'on appelle l'intervalle majeur, l'intervalle mineur?

R. — L'intervalle *majeur* contient toujours un demi-ton de plus que l'intervalle *mineur*.

D. Comment se produit le renversement d'un intervalle?

R. — Le renversement d'un intervalle peut se produire de deux manières: 1° en baissant d'une octave le son supérieur; 2° en élevant d'une octave le son inférieur.

D. Quelles sont, par le renversement, les intervalles simples?

R. — L'unisson renversé produit l'octave, la seconde renversée produit la septième, la tierce renversée produit la sixte, la quarte renversée produit la quinte, la quinte renversée produit la quarte, la sixte renversée produit la tierce, la septième renversée produit la seconde, l'octave renversée produit l'unisson.

D. Que produit l'intervalle majeur renversé?

R. — L'intervalle majeur renversé produit un intervalle mineur.

D. Que produit l'intervalle mineur renversé?

R. — L'intervalle mineur renversé produit un intervalle majeur.

VII

D. Qu'appelle-t-on signes de silence?

R. — On appelle *signes de silence* certains signes de notation à l'aide desquels on indique dans la phrase musicale des repos plus ou moins prolongés.

D. Qu'est-ce que la pause?

R. — La *pause* est un signe de silence dont la durée est égale à celle de la mesure entière.

D. Qu'est-ce que la demi-pause?

R. — La *demi-pause* est un signe de silence dont la durée est égale à celle de la blanche.

D. Qu'est-ce qu'un soupir?

R. — Le *soupir* est un signe de silence dont la durée est égale à celle de la noire.

D. Qu'est-ce qu'un demi-soupir?

R. — Le *demi-soupir* est un signe de silence dont la durée est égale à celle de la croche.

D. Le point et le double point servent-ils à prolonger la durée des silences?

R. — Oui, le point et le double point servent à prolonger la durée des silences dans la même proportion que les notes.

VIII

D. Qu'est-ce qu'un triolet?

R. — Le *triolet* est un groupe de trois notes mis à la place d'un groupe de deux.

D. D'où les mesures à temps ternaires tirent-elles leur nom?

R. — Les *mesures à temps ternaires* tirent leur nom de la division possible de chacun des temps qu'elles contiennent en trois parties égales.

D. Quelles sont les mesures à temps ternaires ordinairement employées?

R. — Ce sont les mesures à *six huitièmes*, à *neuf huitièmes* et à *douze huitièmes*.

D. Comment bat-on la mesure à six huitièmes?

R. — La mesure à six huitièmes se bat à deux temps.

D. Comment bat-on la mesure à neuf huitièmes?

R. — La mesure à neuf huitièmes se bat à trois temps.

D. Comment bat-on la mesure à douze huitièmes?

R. — La mesure à douze huitièmes se bat à quatre temps.

D. Le temps, dans les mesures à six huitièmes, à neuf huitièmes et à douze huitièmes, est représenté par la noire pointée?

R. ... la noire pointée.

D. Que fait connaître le chiffre indicateur des mesures?

R. — Le chiffre indicateur des mesures à temps ternaires fait connaître le nombre des huitièmes de note que la mesure doit contenir.

D. N'y a-t-il aucun rapport entre l'exécution des mesures à temps binaires et celle des mesures à temps ternaires?

R. — C'est que le temps des mesures à temps binaires ...

... mesures contient douze croches et que le temps des mesures à temps ternaires en vaut trois.

D. Qu'est-ce qu'un accord?

R. — Un *accord* est un ensemble de notes pouvant être chantées simultanément.

D. Dans quel cas un accord est-il appelé consonant?

R. — Un accord est *consonant* quand il frappe agréablement l'oreille.

D. Dans quel cas un accord est-il appelé dissonant?

R. — Un accord est *dissonant* quand il réclame un complément ou résolution.

D. Quelle superposition d'intervalles constitue la forme radicale des accords?

R. — La forme radicale des accords présente toujours une superposition de tierces.

D. Quels sont les deux accords principaux de la musique moderne?

R. — Ce sont l'*accord parfait* et l'*accord de septième de dominante*.

D. Qu'est-ce que l'accord parfait?

R. — L'accord parfait est un accord consonant.

D. De quelles notes est-il composé?

R. — L'accord parfait est composé de trois notes: la tonique, la médiante et la dominante.

D. Qu'est-ce que donne l'audition de cet accord?

R. — L'audition de l'accord parfait donne le sentiment du repos.

D. Qu'est-ce que l'accord de septième de dominante?

R. — L'accord de septième de dominante est un accord dissonant.

D. De quelles notes est-il composé?

R. — L'accord de septième de dominante est composé de la dominante, de la sensible, de la sus-tonique et de la sous-dominante.

D. Comment se produit la résolution de cet accord?

R. — La résolution de l'accord de septième de dominante se produit par la marche ascendante de la sensible vers la tonique (demi-ton) et par la descente de la sous-dominante à la médiante (demi-ton). La dominante et la sous-tonique sont libres dans leurs mouvements.

D. Qu'entend-on par chant à l'unisson?

R. — On entend par *chant à l'unisson* l'exécution d'une même mélodie par plusieurs voix réunies.

D. Qu'est-ce qu'une mélodie?

R. — La *mélodie* est le résultat d'une combinaison de sons destinés à être entendus successivement.

D. Qu'entend-on par chant à plusieurs parties?

R. — On entend par *chant à plusieurs parties* l'exécution simultanée de plusieurs mélodies écrites spécialement dans ce but.

D. Que produit l'exécution d'un chant à plusieurs parties?

R. — L'exécution d'un chant à plusieurs parties produit l'*harmonie*.

D. Qu'est-ce qu'un canon en musique?

R. — Le *canon* est un morceau de chant dans lequel les voix entrent *successivement* pour exécuter la même mélodie.

X

D. Qu'est-ce qu'une liaison?

R. — La *liaison* est un trait ou ligne courbe qui, placé entre deux notes de même degré, indique que ces deux notes n'en formeront qu'une; la deuxième ne sera que la prolongation de la première.

D. Qu'appelle-t-on point d'orgue?

R. — Le *point d'orgue* est un signe que l'on place sur une note pour en prolonger la durée d'une manière indéterminée.

D. Qu'appelle-t-on point d'arrêt?

R. — On appelle *point d'arrêt* le signe du point d'orgue placé, pour le même but de prolongation, sur un signe de silence.